Epiktets
Håndbog

Af stoicismens klassikere er tidligere udsendt:
Marcus Aurelius: *Betragtninger — tanker til sig selv*, komplet udgave
Marcus Aurelius: *Tanker til sig selv,* udvalg med kommentarer
Lucius Annæus Seneca: *Breve og andre skrifter til Lucilius*
Cicero: *Cato den Ældre om alderdommen*

EPIKTETS HÅNDBOG

Indføring i stoisk etik og moral

imprimatur

Til dansk ved Peter Eliot Juhl og Athur Christensen
© 2021 Epiktet fra Hierapolis
Forlag: BoD – Books on Demand, Hellerup, Danmark
Tryk: BoD – Books on Demand, Norderstedt, Tyskland
ISBN: 9788743034179

Indhold

Indledning

Epiktet (græsk Ἐπίκτητος Epíktētos) var en græsk filosof der levede fra omrig år 50 til ca. 138 e. Kr. Han var født i Hierapolis i Frygien, men levede sine første år som slave i Rom og er antagelig blevet uddannet i filosofi på foranledning af sin herre, der forstod hans usædvanlige anlæg, og som snart gav ham fri. Han var elev af Musonius Rufus og tilhørte helt den stoiske filosofi, hvori han optrådte som lærer i Rom efter sin frigivelse, indtil Domitian forjog alle filosoffer fra hovedstaden. I Nikopolis i Epirus grundede han derefter en skole, som blev stærkt besøgt, og hvorfra han øvede en betydelig indflydelse. En af hans disciple, Flavius Arrianus, optegnede hans foredrag, hvoraf en del er bevaret; et katekismuslignende uddrag heraf er *Epiktets Håndbog*, en af verdenslitteraturens mest læste bøger.

Filosofiens mål er efter Epiktet det rent praktiske, at virke etisk højnende, og den bliver derfor en stræben efter det gode; men denne stræben beror på erkendelsen, som Epiktet i højere grad end andre senere stoikere og i tilslutning til de ældre, navnlig Khrysippos, lagde vægt på. Det gælder først om at afgøre, hvad der står i vor magt og hvad ikke, og at frigøre sig for alt det, som vi ikke er herre over, alt, hvad der tilhører den ydre verden, og at finde alt det, som er værd at stræbe efter, i sit eget indre; sjælen er jo udgået fra Gud, og det gælder om at føle hans virken i sig. Bliver vore handlinger bestemt heraf, da vil de komme til at gå ud på det gode, at virke forbedrende på vore medmennesker, og dette hører med til den etiske fuldkommenhed. Alle mennesker står nemlig i det samme forhold til Gud, alle er brødre; man er ikke først og fremmest græker, ikke athenienser eller korinthier, men menneske, Guds søn. Den, der har nået frem til den etiske fuldkommenhed, til frihed for alle affekter og sand erkendelse af det gode, bliver derfor også af sig selv menneskekærlig i videste og dybeste forstand.

Epiktet fik ligesom de andre senere stoikere, Seneca og Marcus Aurelius, overordentlig stor betydning for sin samtid og nærmeste eftertid, og han er i særlig grad blevet stående i historien som repræsentant for den senere stoicismes humane etik.

William Norvin

1

Ikke mit bord!

Nogle ting bestemmer vi selv, andre ikke. Vi bestemmer selv hvad vi vil mene, hvad vi vil opnå, hvad vi vil stræbe efter og hvad vi vil vende os imod, altså alt sådan noget som opstår i os selv. Men vi bestemmer ikke over vores krop, ejendom, omdømme og stilling i samfundet, altså noget som ikke opstår i os selv.

Det der opstår i os selv, er af natur frit. Det kan ikke hindres eller hæmmes. Det derimod der ikke opstår i os selv, er svagt og afhængigt. Det kan hindres og hæmmes.

Hvis du derfor mener at det der af natur er svagt og afhængigt, skal være frit, og at det der tilhører andre, også skal være dit, så vil du møde forhindringer, forviklinger og besvær, og du vil give både guder og mennesker skylden. Men hvis du kun betragter *det* som dit eget, som virkelig *er* dit eget, og betragter det der tilhører andre, som det *det* virkelig er, så vil ingen nogensinde kunne tvinge dig eller lægge bånd på dig, og *du* vil heller ikke finde fejl hos nogen eller anklage nogen; du vil aldrig gøre noget *imod* din vilje, ingen vil krænke dig, du vil ikke have nogen fjende, for du *kan* slet ikke krænkes.

Men når du sigter mod så høje mål, må du ikke lade dig forlede til at nå dem med mådelige midler, nej, du må helt give afkald på nogle ting og indtil videre udsætte andre. For hvis du søger at nå disse høje mål og samtidig opnå magt og rigdom, vil du måske ikke engang opnå dette, fordi du samtidig satser på hint; under alle omstændigheder vil du helt sikkert gå glip af det, hvorfra alene lykke og frihed udspringer.

Sørg derfor altid for ved enhver ubehagelig forestilling at kunne sige: "Du er kun en forestilling, og ikke noget der virkeligt eksisterer." Undersøg og efterprøv så forestillingen efter de regler du kender, og først og fremmest denne: om den har at gøre med noget vi selv bestemmer over, eller noget vi ikke gør. Og hvis det har at gøre med noget vi ikke selv bestemmer over, så vær parat til at sige: "Det er ikke *mit* bord!"

2

Begær og modvilje

Husk at dit begær søger at opnå det du begærer, og at din modvilje søger at undgå det som du nærer modvilje mod; derfor er den der ikke opnår hvad han ønsker, ulykkelig, og den der pådrager sig noget han gerne vil undgå, dobbelt ulykkelig. Hvis du derfor kun søger at undgå *de* uønskede ting som du selv kan bestemme over, vil du aldrig pådrage dig noget som du ønsker at undgå. Men hvis du søger at undgå sygdom eller død eller fattigdom, vil du blive ulykkelig.

Glem derfor din modvilje mod alt hvad du ikke kan bestemme over, og overfør den på uønskede ting som du *kan* bestemme over. Men først skal du undertrykke dit begær fuldstændigt. For hvis du begærer noget du ikke kan bestemme over, må du nødvendigvis blive ulykkelig. Men du er endnu ikke helt sikker på hvad du kan bestemme over og som dit begær derfor med rette kan rettes mod. Når du derfor er nødt til at vise begær efter eller modvilje mod noget, så gør det altid med mildhed og mådehold.

3

Hold hovedet koldt

Uanset hvilke ting der glæder dig eller gavner dig eller som du holder af, så mind dig selv om hvad de i virkeligheden er, og begynd med de mest uanselige. Har du en yndlingskrukke, så sig til dig selv at det *kun er en krukke* du holder af. Går den i stykker, er det til at bære. Kysser du dit barn eller din kone, så sig til dig selv at det *kun er et menneske* du kysser. Derfor vil du ikke miste fatningen hvis det dør.

4

Bevar ligevægten

Begynder du på en handling, så gør dig først klart af hvilken art den er. Hvis du vil gå hen for at bade, så forestil dig alt det der plejer at foregå et sådant sted: nogle sprøjter med vand eller skubber og maser, nogle brokker sig eller stjæler fra hinanden. Du vil mere sikkert kunne gå til denne handling når du først siger til dig selv: "Jeg vil nu gå hen og bade, og samtidig bevare mit eget sind i en tilstand der er i harmoni med naturen."

Det samme gælder enhver anden handling. Hvis der derfor opstår problemer under badningen, vil du straks kunne sige: "Det var ikke *kun* for at bade jeg kom, men også for at bevare mit sind i harmoni med naturen; og jeg vil ikke kunne bevare det hvis jeg hidser mig op over ting der sker."

5

Hvem har skylden

Det er ikke tingene selv der foruroliger os, men vores meninger og forestillinger om dem. Døden f. eks. er ikke noget frygteligt — ellers ville også Sokrates have følt det sådan —, nej det virkeligt frygtelige er forestillingen om døden som noget frygteligt. Når du derfor møder hindringer, ængstelser eller sorger, skal du aldrig give andre skylden, men søge den hos dig selv, det vil sige i dine meninger og forestillinger.

Det er kun den helt uvidende der giver andre skylden, når det går ham dårligt; den der er trådt ind på filosofiens vej, giver sig selv skylden; men den der er nået til fuld indsigt, giver hverken sig selv eller andre skylden.

6

Falsk stolthed

Vær ikke stolt over fortrin der ikke er dine egne. Hvis det var en hest der pralede og sagde: "Jeg er smuk," så kunne man nok finde sig i det, men hvis du praler med at have en smuk hest, så må du vide at du praler med et fortrin hos hesten. Hvad er da dit *eget*? Det er *brugen* af forestillingen. Du har først ret til at være stolt når du bruger den på rette måde, for så gælder din stolthed et fortrin der *virkelig* er dit eget.

7

Vær altid beredt

Når du er ude at sejle, og du ved et landingssted går fra borde for at hente vand, så kan du nok undervejs tillade dig at samle en muslingeskal eller en lille blæksprutte op. Men du må holde øje med skibet og stadig være opmærksom på om styrmanden ikke kalder på dig, og hvis han kalder, må du lade alt ligge for at du ikke skal blive bundet og kastet ombord ligesom fårene.

På samme måde går det også i livet. Hvis du her i stedet for en blæksprutte og en musling får tildelt en smule kone eller barn, så gør det ikke noget. Men kalder styrmanden, så lad alt det ligge og skynd dig tilbage til skibet uden at se dig om. Og er du gammel, så fjern dig aldrig så langt fra skibet at du skal savnes når der bliver kaldt.

8

Svøm ikke mod strømmen

Kræv ikke at ting der sker, sker som du ønsker det, men ønsk at de sker som de sker. Så er du på rete vej.

9

Viljen er fri

Sygdom er en hindring for legemet, men ikke for viljen hvis den ikke selv giver op. At være halt er en hindring for benene, men ikke for viljen. Således skal du ræsonnere hver gang der tilstøder dig noget; så vil du opdage at det alt sammen er hindringer for et eller andet, men ikke for dit virkelige jeg.

10

Bevar fatningen

Hver gang der sker et eller andet, skal du spørge dig selv hvilken egenskab der er den rigtige at anvende i situationen. Hvis du føler dig tiltrukket af en person, vil du finde at selvbeherskelse er på sin plads. Hvis du har smerter, er standhaftighed det rigtige. Hvis du hører et stødende sprog, behøver du tålsomhed. Har du vænnet dig til *det*, vil tilværelsens tildragelser ikke rive benene væk under dig.

11

Alt er til låns

Sig aldrig om noget: "Jeg har mistet det," men: "Jeg har givet det tilbage." Er dit barn dødt? Det er givet tilbage. Er din kone død? Hun er givet tilbage. Er dit gods eller din ejendom taget fra dig? Også det er givet tilbage. "Men den der tog det fra mig, er en slyngel." Men det kommer da ikke dig ved hvordan giveren krævede det tilbage? Så længe han giver dig lov til at bruge det, skal du passe på det som noget der ikke er dit eget, ligesom rejsende i en kro.

12

Sindsroens pris

Vil du gøre fremskridt, skal du afvise tanker som disse:
"Hvis jeg forsømmer mine forretninger, får jeg ikke brød
på bordet," og: "Hvis jeg ikke revser min slave, bliver han en
skidtvigtig karl." For det er bedre at dø af sult, fri for bekym-
ringer og frygt, end at leve i overflod med uro i hjertet; og det
er bedre at din slave er skidtvigtig, end at *du* er ulykkelig.

Begynd derfor med små ting: Der spildes lidt olie? Der
stjæles en sjat vin? Sig så til dig selv: "Dette er den pris man
må betale for fred og ro, og intet er gratis." Når du kalder på
din slave, hører han det måske ikke, eller hvis han hører det,
gør han måske ikke hvad du beder ham om. Men han har dog
ikke så meget at skulle have sagt, at din sindsro afhænger af
ham.

13

Enten — eller

Hvis du vil gøre fremskridt, så find dig i at man anser dig for enfoldig og dum med hensyn til ydre ting Du må ikke virke som om du ved noget om noget, og selv om du måske virker som om du betyder noget for andre, så stol ikke på dig selv. For du kan være forvisset om at det ikke er let på samme tid at holde din vilje i overensstemmelse med naturen og samtidig tilegne dig ydre ting, for mens du er optaget af det ene, vil du være nødt til at forsømme det andet.

14

Forlang ikke det umulige

Hvis du ønsker at dine børn og din kone og dine venner skal leve evigt, er du ikke rigtig klog; for du ønsker at bestemme over noget som du ikke har magt over, og du ønsker at noget der tilhører andre, skal tilhøre dig. Og hvis du ønsker at din slave ikke skal begå fejl, er du en nar; for du ønsker at fejl ikke skal være fejl, men noget andet.

Men hvis du ønsker ikke at blive skuffet i dine ønsker, står det i din egen magt. Øv dig derfor kun i det der er muligt for dig. Herre over en anden er den der formår at give ham hvad han ønsker, eller befri ham for det han ikke ønsker. Men den som vil være fri, han skal intet ønske eller afvise som afhænger af andre, ellers må han nødvendigvis selv blive slave.

15

Vent til det bliver din tur

Husk at du må opføre dig i livet som ved et gæstebud. Bliver fadet bragt rundt og kommer til dig, så ræk din hånd ud og tag beskedent din andel. Går det din næse forbi, så lad det passere. Er det endnu ikke nået til dig, så sid ikke som på nåle af utålmodighed, men vent til det bliver din tur. Det samme gælder med hensyn til dine børn og din kone, til offentlige stillinger, til rigdomme — så vil du til sidst blive værdig til at feste med guderne.

Men hvis du ikke blot undlader at tage nogen af de ting der stilles for dig, men også er i stand til at *afvise* dem, så vil du ikke kun være værdig til at feste med guderne, men også til at bestemme sammen med dem. Således bar Diogenes og Heraklit og andre som dem sig ad, og derfor var og kaldtes de med rette guddommelige.

16

Spar din medlidenhed

Hvis du ser en græde i sorg, enten fordi hans søn er blevet landsforvist eller fordi han har problemer med sine forretninger, skal du være forsigtig med ikke at lade dig rive med af den tilsyneladende ulykke. Men overvej sagen i dit eget sind og vær parat til at sige: "Det er ikke hændelsen selv der bekymrer denne mand — for en anden mand ville ikke føle sig ramt af det samme —, men det er den måde han vælger at anskue den på." Så længe det kun drejer sig om ord, kan du roligt sætte dig i hans sted og om nødvendigt klage sammen med ham. Men pas på at du ikke også stønner indvendig.

17

Spil din rolle godt

Husk at du optræder i et skuespil. Hvad det skal handle om, og om det er langt eller kort, det bestemmer teatrets leder. Forlanger han at du skal spille tigger, så må du også udføre den rolle med talent, og det samme gælder hvis du skal fremstille en krøbling, en øvrighedsperson eller en jævn borger. Du har kun at spille den rolle du får, godt; at vælge den tilkommer en anden.

18

Alle varsler er heldige

Når en ravn udstøder et ulykkesvarslende skrig, må du ikke lade dig skræmme af det; men træk en skillelinje i dit sind og sig: "Intet i dette varsel gælder for mig, men enten for min usle krop eller min smule ejendom eller mit ringe omdømme eller mine børn eller min kone. For mig selv er alle varsler heldige, hvis jeg blot vil det. For hvad der end sker, står det til mig selv at drage nytte af det."

19

Sikker sejr

Du vil være uovervindelig hvis du ikke indlader dig i nogen kamp hvor det ikke afhænger af dig selv om du vinder. Når du derfor ser en der udmærker ved magt og æresbevisninger eller i står i høj agtelse af andre grunde, så lad dig ikke bedrage af skinnet og kalde ham lykkelig; for når det sande gode består af de ting der er under vores egen kontrol, vil der ikke være plads til nid eller nag. Selv ønsker du ikke at være hærfører eller senator eller konsul, men fri; og den eneste vej til dette er foragt for alt der ikke står under din egen kontrol.

20

Tæl til ti

Husk at det ikke er den der skælder dig ud eller slår dig, som fornærmer dig, men den måde du opfatter disse ting som fornærmende. Når en derfor provokerer dig, så vær forvisset om at det er din egen forestilling om det, som provokerer dig. Prøv derfor i første omgang ikke at lade dig rive med af forestillingen. For hvis du blot vinder tid og et pusterum, vil du lettere kunne styre dig selv.

21

Memento mori

Død og landsforvisning og hvad man ellers regner for ulykker, skal du altid have for øje, men først og fremmest døden. Så vil du hverken blive småtskåren i din tankegang eller blive bytte for et alt for stærkt begær.

22

Den der ler sidst

Hvis du har et oprigtigt ønske om at dyrke filosofien, må du straks fra begyndelsen være forberedt på hobens latter og spot og høre dem sige: "Han er med et snuptag vendt tilbage til os som filosof," og: "Hvorfra dette nedladende blik?" For din del sørg for ikke at have et nedladende blik, men hold stædigt fast ved de ting som synes bedst for dig selv, som en der er udpeget af Gud til denne bestemte opgave. Og husk at hvis du holder fast, vil netop de personer der først lo ad dig, ende med at se op til dig. Men hvis du lader dig besejre af dem, vil du forekomme dem dobbelt latterlig.

23

Opfør dig som en filosof

Hvis det nogen sinde sker at du retter din opmærksomhed mod ydre forhold, fordi du ønsker at behage nogen, kan du være sikker på at du har forskertset din indre balance. Vær blot tilfreds med at *være* filosof; og hvis du ønsker at andre også skal opfatte dig sådan, så *opfør* dig som en filosof. Mere skal der ikke til.

24

Bevar din selvrespekt

Lad dig ikke anfægte af tanker som disse: "Jeg må ringeagtes af alle og altid blive anset for et nul." For hvis ringeagt virkelig er et onde, så vil andre lige så lidt kunne udsætte dig for dette onde som for skændsel og vanære. Ønsker du måske at opnå store stillinger eller blive inviteret til middagsselskaber? Ingenlunde. Hvordan kan der så blive tale om at man viser dig ringeagt? Og hvordan kan du blive anset for et nul, da du jo kun kan få succes i sager som du selv kontrollerer.

"Men mine venner får ikke hjælp." — Hvad mener du med at de ikke får hjælp? De får ikke penge fra dig, og du vil heller ikke skaffe dem romersk borgerret. Hvem har dog fortalt dig at dette er blandt de ting som står under din kontrol og ikke snarere er en sag for andre? Og hvem kan give en anden noget som han ikke selv har?

"Netop derfor skal *du* skaffe disse ting, så jeg også kan få en andel." Hvis jeg kan skaffe dem og samtidig beholde min ære og troværdighed og selvrespekt, så vis mig hvordan, så skaffer jeg dem. Men hvis du forlanger at jeg skal give afkald på noget der er et gode for *mig*, for at du kan opnå noget der ikke er det for *dig*, så overvej lige hvor urimelig og tåbelig du er. Desuden, hvad vil du helst have: en pose penge eller en trofast og ærlig ven? Hjælp mig hellere til at opnå disse egenskaber, i stedet for at opmuntre mig til at gøre ting som jeg kan miste dem ved.

"Men fædrelandet vil ikke få nogen hjælp hvis det står til dig." Her igen, hvilken hjælp mener du? "Det vil ikke få søjlehaller eller badeanstalter på din bekostning." Men er det så underligt? En smed forsyner det jo heller ikke med sko eller en skomager med våben. Det er nok at alle passer deres egen dont dygtigt. Og hvis du kan forsyne det med endnu en ærlig og trofast borger, vil det så ikke også være nyttigt for det? Jo selvfølgelig, og derfor vil heller ikke du være unyttig for fædrelandet.

"Hvilken stilling", vil du så sige, "skal jeg da indtage i samfundet?" En hvor du ikke giver afkald på din ærlighed og selvrespekt. For hvordan kan du gavne dit land hvis du selv er upålidelig og skamløs.

25

Æren har en pris

Du er blevet forbigået ved indbydelsen til et gæstebud eller ved en hilsen. Ved en rådslagning har man tilkaldt en anden end dig. Hvis alt det nu er virkelige goder, bør du glæde dig over at andre har fået del i dem. I modsat fald er der ingen grund til at være ked af at de er gået din næse forbi.

Når du ikke vil gøre hvad der forlanges for at opnå noget vi ikke selv er herre over, så må du være klar over at du ikke kan stille samme fordringer som den der er parat til at gøre det. Hvordan skulle den der ikke vil gøre nogen sin opvartning, kunne vente samme belønning som den der er villig dertil? Og det samme gælder dem der ikke kan bekvemme sig til at følge folk hjem eller skamrose dem.

Det vil altså være forkert og fordringsfuldt af dig hvis du ikke betaler den pris sådanne fordele koster, men vil erhverve dem gratis. Hvad er nu prisen for salat? En obol f. eks. Betaler nu en mand sin obol og får sin salat, mens du, fordi du ikke har betalt, heller ingen salat får, så må du ikke tro at du er blevet snydt. Han har fået sin salat, men du har den obol i behold som du *ikke* har givet ud.

Det samme gælder her. Du blev ikke bedt til middag hos N. N., for du har ikke erlagt den betaling hans indbydelse er til fals for. Han sælger den for smiger og opvartning. Har du nogen nytte af det, så betal hvad han forlanger. Men vil du ikke betale prisen og alligevel opnå den ære at sidde til bords med ham, så er du både fordringsfuld og dummere end tilladt. Har du da ingen erstatning for det måltid du gik glip af?

Jo, du har *den* at du ikke har været nødt til at rose den som det var dig imod at rose, og du er blevet sparet for at bukke og skrabe når han træder ind.

26

Naturens vilje

Naturens vilje fremgår af de ting som vi alle er enige om. Når f. eks. en anden mands barn kommer til at slå et drikkekar i stykker, så er vi straks parat til at sige at det er den slags ting der sker. Selvfølgelig skal man, når ens eget barn slår noget itu, sige det samme. Det samme ræsonnement skal man også overføre på vigtigere begivenheder. Dør en anden mands kone eller barn, så vil alle sige: "Den vej skal vi jo alle," men dør en af ens egne, så er der straks gråd og tænders gnidsel. Vi burde ikke glemme hvilket indtryk disse hændelser gjorde på os da vi hørte om dem hos andre.

27

Det ondes natur

Ligesom man ikke rejser en målskive for at ramme ved siden af den, således har det ondes natur heller ikke nogen plads i verden.

28

Prisgiv ikke dit sind

Hvis nogen forærede din krop væk til en fremmed han mødte på sin vej, ville du sikkert tage det fortrydeligt op. Men at du giver dit sind til pris for den første den bedste, så det kommer i oprør og vildrede når man overfuser dig, det ser du ingen grund til skamme dig over?

Du må træffe et valg

Overvej ved alt hvad du gør, hvad der går forud og hvad der følger, og skrid så til værket. Gør du ikke det, så vil du til at begynde med føle dig ganske fortrøstningsfuld og ikke skænke følgerne en tanke. Men senere, når vanskelighederne melder sig, vil du med skam måtte opgive dit ævred.

Du vil gerne sejre i de olympiske lege. Det vil jeg også, for det er noget herligt! Men overvej først hvad der går forud, og hvad der følger efter, og skrid så til værket. Du skal overholde de strengeste regler, underkaste dig en kostplan og afholde dig fra alle mulige lækkerier; du skal træne din krop til bestemte tider hvad enten du gider det eller ej, og døje både varme og kulde; du må ikke drikke koldt vand, og heller ikke vin, selv om du har lyst. Med ét ord, skal du lægge dit liv i hænderne på din træner som var det din læge. Derefter må du under kampen finde dig i at blive kastet til jorden, få drejet skulderen af led, få forvredet din ankel, sluge støv, få slag — og i sidste ende måske alligevel lide nederlag.

Tænk over alt det, og træd så ind på arenaen hvis du stadig har lyst. Gør du det ikke, så opfører du dig som de drenge der snart leger brydere og snart sværdkæmpere, men når signalet lyder får de pludselig lyst til at spille skuespil. Således vil du også på én gang være snart bryder, snart gladiator, snart filosof, snart taler; men med hele din sjæl ingen af delene. Du efteraber alt hvad du ser, og snart har du lyst til det ene og snart til det andet. Du kaster dig ud i noget før du har set sagen fra alle sider, og du ligger under for tilfældige luner og flygtige tilskyndelser.

Således vil mange, når de har set og hørt filosoffen Eufrastes — skønt hvem kan tale som han? — også fluks selv være filosoffer. Overvej først, menneske, hvad det egentlig drejer sig om, og hvad din egen natur er i stand til at klare. Vil du være femkæmper eller bokser, så se på dine skuldre, din ryg, dine lår; for én er skabt til det ene, en anden til noget helt andet.

Tror du at du kan spise og drikke og være gnaven og utilfreds som hidtil, og samtidig være filosof? Du må undvære søvn, arbejde hårdt, forlade dine kære, lade dig håne af din slave, blive set ned på af alle, være ildeset, miste dit job, tabe i retten, få fiasko. Afgør så om du for den pris vil opnå fred, urokkelighed og ro i sindet.

Hvis ikke, så kom ikke her; vær ikke som drengene, snart filosof, snart forpagter, snart taler, snart prokurator for kejseren. Disse ting hænger ikke sammen. Du må være et menneske, enten godt eller dårligt. Du må udvikle enten din forstand eller dine ydre forhold, og anvende din flid på enten det indre eller det ydre; det vil sige enten optræde som filosof eller som en af den gemene hob.

30

Kend dine pligter

Menneskets pligter bestemmes ud fra dets relationer til andre. Over for din fader gælder f. eks. at du skal tage dig af ham, føje ham i alt og roligt finde dig i det når han skælder ud eller slår. Han er måske en dårlig fader. Men har naturen pligt til at udstyre dig med en god fader? Nej, blot med en fader, slet og ret.

Du har måske en broder der behandler dig uretfærdigt. Så er det *din* opgave at være opmærksom på, hvordan din opførsel mod *ham* er. Du skal ikke tænke på hvad *han* gør, men på hvad du *selv* kan gøre for at være i overensstemmelse med din natur. For en anden vil aldrig kunne skade dig når du ikke selv vil. Skaden sker først når du selv mener at man skader dig.

En nabos, en borgers eller en feltherres pligter over for dig finder du altså ud af ved at overveje *dine* sociale relationer til *dem*.

31

Bestræb dig på fromhed

Den vigtigste egenskab ved fromhed over for guderne er at have de rigtige forestillinger om dem, nemlig at de eksisterer og styrer universet godt og retfærdigt, og at du er parat til at adlyde dem og finde dig i alt hvad der sker, og følge dem villigt i tykt og tyndt som repræsentanter for den mest fuldkomne indsigt. På den måde vil du aldrig finde fejl hos guderne eller beskylde dem for ikke at bekymre sig om dig.

Men det kan kun lade sig gøre ved at du fjerner begreberne godt og ondt fra alt der *ikke* er under din kontrol, og kun anvender dem på det der *er* under din kontrol. For hvis du antager at noget af det der ikke er under din kontrol, enten er godt eller ondt, kan det ikke undgås at du anklager og harmes på dem der er skyld i at du går glip af noget du ønsker, eller at du bliver udsat for noget du ikke ønsker. For det ligger i alle levende væseners natur at undfly og sky det de finder skadeligt og deres årsager, og at gå efter og beundre det de finder nyttigt og deres årsager. Man kan derfor ikke forestille sig at den der føler sig såret, kan føle glæde ved den som han mener har såret ham, lige så lidt som det er muligt at føle glæde ved såret selv.

Derfor kritiseres også en far af sin søn når han ikke lader denne få del i det som denne finder godt. Polyneikes og Eteokles blev hinandens fjender fordi det forekom dem begge godt at være enehersker. Af samme grund knurrer bonden over guderne, og det samme gør sømanden og købmanden og de der mister kone og børn. For hos dem hører lykke og fromhed sammen. Den som bestræber for kun at ønske og kun at undgå det han bør, han bestræber sig derfor også på fromhed. Det påhviler alle at yde offergaver og brændofre og førstegrøder efter fædrenes skik, af et rent hjerte og ikke tankeløst eller ligegyldigt eller påholdende, men heller ikke over sin formåen.

32

Pålidelige rådgivere

Når du går for at opsøge en seer, så husk at du ikke ved *hvad* der vil ske, men at du kommer for at få det at vide af seeren. Men *hvordan* sagen er beskaffen, det ved du allerede inden du træder ind til ham, hvis du da er filosof. For hvis den er blandt de ting der ikke står under vores kontrol, kan den af gode grunde hverken være noget godt eller noget ondt. Bring derfor ikke hverken begær eller modvilje med dig til seeren, og nærm dig ham ikke frygtsomt, men som en der er fast overbevist om at ethvert udfald er dig ligegyldigt og ikke vedrører dig. Uanset hvad det er, vil det stå i din magt at bruge det rigtigt, og det kan ingen forhindre.

Træd frem for guderne som dine pålidelige rådgivere, og efter at du har modtaget dit råd, så husk hvem det er du har antaget som rådgivere, og som du er ulydig imod hvis du ikke følger dem. Gå, som Sokrates rådede til, kun til en seer hvor det drejer sig om fremtiden, og hvor hverken fornuften eller andre metoder giver dig holdepunkter for selv at erkende hvad der vil ske. Når du derfor vil bistå en ven eller dit fædreland i farens stund, bør du ikke spørge en seer om du skal gøre det. For selv om seeren fortæller at ofrene er faldet ugunstigt ud og tyder på død eller lemlæstelse eller landflygtighed, så byder fornuften dig også under *disse* omstændigheder at bistå din ven eller dit fædreland i farens stund.

Følg derfor hellere en større seer, den pythiske gud Apollon, der jagede den mand ud af sit tempel, som undlod at hjælpe sin ven, da han faldt i morderhænder.

33

Regler for god opførsel

Opstil dig et mønster og forbillede som du kan efterleve, både når du er alene og når du er sammen med andre.

Vær helst tavs, eller tal kun når det er nødvendigt, og med få ord. Du kan når lejlighed gives, blande dig i samtalen, men kast dig ikke ud i de sædvanlige emner om gladiatorer og hestevæddeløb og sportspræstationer og mad og drikke og tilsvarende vulgære samtaleemner; men undlad først og fremmest at kritisere eller rose eller sammenligne andre mennesker.

Hvis du kan, bør du under en samtale lede dine partneres tanker ind på passende emner, men hvis du befinder dig blandt lutter fremmede, så ti.

Lad ikke din latter være høj, hyppig eller uhæmmet.

Undgå at sværge, hvis det er muligt, helt; hvis ikke, så så meget som muligt.

Undgå fremmede og udannede personers selskab; men hvis det ikke kan undgås, så gør det til en regel at være på vagt, så du ikke umærkeligt lader dig trække ned på de uvidendes niveau. For en person kan være nok så ren og ubesmittet, men hvis nogen i hans omgangskreds bliver smittet, vil den, der omgås ham, også blive smittet.

Lad dig til legemets fornødenheder kun nøje med det mest nødvendige; det gælder også mad, drikke, klæder, bolig og tjenerskab. Og afvis blankt alt der lugter af luksus og pragt.

Hold dig så vidt muligt fra omgang med kvinder før ægteskabet. Vælger du alligevel at have med dem at gøre, så lad det ske på sømmelig vis. Men vær ikke af den grund ubehagelig og fuld af irettesættelser mod dem der tager sig visse friheder, og bryst dig heller ikke af at du ikke selv er af den slags.

Hører du at en siger noget dårligt om dig, skal du ikke begynde at forsvare dig, men bare svare: "Han kender åbenbart ikke *alle* mine fejl, for ellers havde han ikke nøjedes med at nævne disse."

Du behøver ikke at vise dig ofte ved offentlige forestillinger; men når det sker, så vis dig ikke synderligt interesseret; ønsk bare at alt går ordentligt til, og at den bedste mand må vinde, for således vil du bedst bevare din sjælero. Afhold dig fra høje udråb og mishagsytringer og voldsomme følelsesudbrud. Og når forestillingen er slut, så tal ikke om den, medmindre det kan berige din ånd. For ellers kan det se ud som om du er imponeret over forestillingen.

Gå ikke til oplæsninger hos den første den bedste forfatter. Men *hvis* du går, så opfør dig værdigt og alvorligt, og undgå at være ubehøvlet.

Når du skal drøfte noget med nogen, og især en der befinder sig højt på strå, så forestil dig hvordan Sokrates eller Zenon ville have tacklet samme situation; så går du ikke helt galt i byen.

Når du opsøger en fornem og indflydelsesrig mand, så forestil dig at du ikke finder ham hjemme, at man ikke lukker dig ind, at porten bliver smækket i for næsen af dig, at han ikke lægger mærke til din person. Hvis det trods alt dette er din pligt at opsøge ham, så tag det hele i stiv arm og sig aldrig til dig selv: "Det her var ikke umagen værd." For dette er vulgær snak der får dig til at lyde som en mand der forundres over ydre ting.

Når du omgås andre, skal du undgå al overflødig omtale af dine egne bedrifter og de farer du har udstået. Fordi du selv holder af at dvæle ved overståede farer, er det ikke sikkert at andre gider få dem udpenslet. Undgå også forsøg på at få andre til at le. For dette er en glidebane der kan føre dig på uoverskuelige afveje; desuden kan det nedsætte dig i dine medmenneskers agtelse.

Tilløb til uanstændige bemærkninger kan også være risikabelt. Når noget af den slags forekommer, så benyt lejligheden til at irettesætte den der gør anstalter i den retning; eller vis i det mindste ved at forholde dig tavs, rødme og hæve brynene at du ikke bryder dig om *den* tone.

34

Det bødes der for

Hvis du bliver besat af forestillingen om en sanselig lyst, så pas på ikke at lade dig rive med af den; lad hellere sagen hvile og tag dig god betænkningstid. Forestil dig så to situationer, en hvor du svælger i nydelsen, og en hvor du, efter at nydelsen er ophørt, er fuld af anger og selvbebrejdelser. Og forestil dig så i modsætning hertil, hvordan du vil være glad og lykønske dig selv hvis du helt har undladt at give efter for fristelsen.

Hvis du alligevel finder det passende at give efter for lysten til nydelse, så pas på at du ikke lader dig rive væk af det pirrende, behagelige og forførende, men forestil dig tværtimod hvor meget bedre du vil have det ved bevidstheden om at have vundet en sådan kamp.

35

Gør det rette, frygt ingen

Når du gør noget som du mener *må* gøres, så sørg altid for at nogen ser dig mens du gør det, også selv om flertallet er af en anden mening. For er det forkert hvad du gør, så opgiv dit forehavende. Men er det ret og rigtigt, så har du ingen grund til at frygte dem der vil kritisere dig med urette.

36

God bordskik

Ligesom udsagnet "det er dag *eller* nat" giver god mening mens udsagnet "det er dag *og* nat" virker absurd, således kan det ved et middagsselskab også være vigtigt for kroppen at vælge den største portion. Men det er ikke en passende opførsel i situationen, for når du spiser som gæst hos en anden, så husk at du ikke blot bør se på hvor stor værdi det der serveres har for din krop, men at du også bør vise høflighed over for din vært.

37

Overvurder ikke dine evner

Hvis du påtager dig en opgave som overstiger dine evner, har du for det første blottet din svaghed, og for det andet har du derved forsømt en opgave som du *havde* kunnet løse tilfredsstillende.

38

Træd altid varsomt

På gaden passer du på ikke at træde på et søm eller forvride din fod. På samme måde må du passe på ikke at beskadige den styrende del af dig selv. Hvis du gør sådan ved alt hvad du foretager dig, vil du gå mere sikkert til værks.

Det rette mål

Hvor meget man skal stræbe efter at eje, afhænger af lege-mets behov. Skoen skal jo rette sig efter foden. Holder man fast ved det, har man altid det rette mål. Ellers kommer man ud i uføre. Som nu med skoen: holder man sig ikke dèr slet og ret til hvad foden forlanger, så vil man fordre først en let forgyldt, dernæst en purpursko og til slut en broderet sko. For der er ingen grænser for den der én gang har overskredet det rette mål.

Respekt for kvinder

Kvinder bliver allerede fra fjorten års alderen smigret med titlen "herskerinder" af mændene. Når det så går op for dem at deres eneste berettigelse er at sove hos mændene, begynder de at smukkesere sig og sætte deres lid til det. Det var nok umagen værd at åbne deres øjne for at man kun viser dem respekt hvis de opfører sig beskedent og ærbart.

41

Krop og ånd

Det er betegnende for en ordinær natur at han ofrer lang tid på sin krop, f. Eks. når han dyrker legemsøvelser, spiser, drikker, går på toilettet og sover hos kvinder. Alt dette bør kun udføres som biting, mens man retter al sin omhu mod ånden.

42

Hvem skader hvem?

Når en behandler dig dårligt eller taler ondt om dig, så tænk på at han gør det fordi han tror han gør det rigtige. Det er ikke muligt for ham at rette sig efter din opfattelse, men kun efter sin egen. Hvis nu hans opfattelse er forkert, så går det ud over ham selv, fordi han jo har taget fejl. For hvis en anser et rigtigt argument for falsk, skader det ikke argumentet, men den der er på vildspor. Når du gør dig det klart, vil du opføre dig overbærende over for den der er på nakken af dig, Tænk blot hver gang: "Det var nu *hans* opfattelse."

43

Hver sag har to sider

Hver sag har to sider, en der kan håndteres, og en der ikke kan. Hvis nu din broder gør dig uret, skal du ikke håndtere sagen som om han gør dig uret, for sådan *kan* den ikke håndteres; men håndtér den som om han er din broder, opfostret sammen med dig; så vil du gribe sagen an fra den side hvor den *kan* håndteres.

44

Forkerte og rigtige slutninger

Følgende ræsonnementer holder ikke: "Jeg er rigere end dig, derfor er jeg bedre end dig," og:"Jeg er mere veltalende end dig, derfor er jeg bedre end dig." Sig hellere: "Jeg er rigere end dig, derfor er min ejendom større end din," og: "Jeg er mere veltalende end dig, derfor er min stil bedre end din." Men du selv *er* jo hverken din ejendom eller din stil.

45

Døm ikke for hurtigt

Hvis en vasker sig i en fart, så sig ikke: "Han vasker sig dårligt," men: "Han vasker sig i en fart." Hvis en anden drikker meget vin, sig ikke: "Han drikker mere end han kan tåle," men: "Han drikker meget." For hvor kan du vide om en handler rigtigt eller forkert, før du har fattet *hvorfor* han gør det han gør? På den måde undgår du at tilslutte dig meninger som du ikke helt forstår.

46

Handling, ikke ord

Kald aldrig dig selv filosof og tal kun lidt om videnskabens grundsætninger når du er blandt lægmænd, men demonstrer dem i praksis. Under et gæstebud skal du ikke tale om hvordan man bør spise, men spise som man bør. For husk at Sokrates på denne måde undgik al fremhævelse af sig selv. Og når nogen kom til ham og ønskede at han skulle anbefale dem til filosofferne, så førte han dem selv derhen. Så let bar han at blive overset.

Hvis der mellem lægmænd bliver snakket om filosofiske grundsætninger, så forhold dig for det meste tavs. For der er stor fare for at du straks kommer til at kaste det op du ikke har fordøjet. Og hvis nogen fortæller dig at du ikke véd noget, uden at det rører dig en døjt, så kan du være sikker på at du er på rette spor. For får kommer ikke slæbende med græsset for at vise hyrderne hvor meget de har spist; men ved at fordøje deres mad i deres indre frembringer de udadtil uld og mælk. Derfor skal du heller ikke stille din viden til skue for lægmænd, men når har du fordøjet den, så lad dem se resultaterne.

Du skal ikke tro du er noget

Selv om du har lært dit legeme at klare sig med få fornødenheder, så bild dig ikke noget ind. Hvis du drikker vand, så sig ikke hele tiden: "Jeg drikker kun vand," men tænk på hvor meget værre og møjsommeligt de fattige har det. Og selv om du også virkelig har disse rosværdige egenskaber, så tænk på hvor mange gode egenskaber *du* mangler, men som findes hos andre. Og vil du endelig engang udføre et anstrengende stykke arbejde, så gør det for din egen skyld, ikke for andres; og slå ikke armene om statuer, men når du lider af tørst, så tag lidt koldt vand i munden og blæs det atter ud uden at sige det til nogen.

At vokse i visdom

Det er betegnende og karakteristisk for en lægmand at han aldrig forventer hverken fordele eller ulemper fra sig selv, men fra noget der kommer udefra. For en filosof er det betegnende og karakteristisk at han forventer at alle fordele og ulemper kommer fra ham selv.

Det er karakteristisk for den der vokser i visdom, at han kritiserer ingen, roser ingen, beskylder ingen, anklager ingen, taler ikke om sig selv som om han er noget eller véd noget. Har han besværligheder eller problemer, anklager han sig selv. Roser nogen ham, ler han ved sig selv over den der roser ham; og hvis han bliver kritiseret, forsvarer han sig ikke. Han går omkring som en der dårligt nok er kommet sig efter en sygdom og frygter at komme til ødelægge noget der er ved at heles, men som endnu ikke er faldet helt på plads .

Han har gjort sig helt fri af begær<, og han viser kun sin modvilje mod ting der hindrer rigtig anvendelse af hans egen vilje; han anvender sin energi med mådehold på alle områder; om han fremstår dum eller uvidende, bekymrer ham ikke. Med andre ord: han vogter på sig selv som på en fjende og som en der ligger på lur i et baghold.

Ord og handling

Hvis nogen praler af at han kan forstå og forklare Khrysippos' skrifter, så sig til dig selv: "Hvis Khrysippos ikke havde udtrykt sig så uklart, ville denne person ikke have haft noget at prale af." Men jeg — hvad vil jeg selv? Forstå naturen og følge den. Jeg søger derfor en der kan forklare den for mig, og hvis jeg hører at Khrysippos er manden, så henvender jeg mig til ham. Men jeg forstår ikke hans skrifter. Jeg søger derfor en der kan forklare mig dem, men er endnu ikke stødt på noget der giver mening. Men *hvis* jeg finder en der kan forklare ham, mangler jeg stadig at *følge* hans anvisninger. Det er det eneste der virkelig betyder noget. Hvis jeg kun beundrer fortolkningen, bliver jeg jo snarere en grammatiker end en filosof, blot med den forskel at jeg i stedet for Homer fortolker Khrysippos. Når derfor en ønsker at jeg skal læse Khrysippos for ham, må jeg rødme fordi jeg ikke kan fremvise handlinger der er i harmoni og overensstemmelse med hans ord.

50

Vær tro mod dine regler

Uanset hvilke moralske regler du har vedtaget for dig selv, så overhold dem som var de love, og som om du ville gøre dig skyldig i troløshed ved at krænke dem. Tænk ikke på hvad andre siger om dig, for det er jo ikke noget der kommer *dig* ved.

51

Lev som en Sokrates!

Hvor længe endnu vil du udskyde fornøjelsen ved at beside det højeste gode og på intet punkt handle mod fornuftens krav? Du har erfaret de grundsætninger, som du skal handle efter, men har du så rettet dig efter dem? Hvilken anden læremester venter du endnu på for at overlade ham arbejdet med at forbedre dig? Du er ikke længere noget barn, men en voksen mand i din bedste alder. Hvis du derfor vil være uopmærksom og doven og altid føje udsættelse til udsættelse, formål til formål, og hele tiden fastsætter nye dage hvor du vil tage dig af dig selv, vil du umærkeligt fortsætte med intet at udrette, og såvel i livet som i døden fortsætte med at være en af den gemene hob.

Men tag dig nu sammen og lev som en voksen og fremgangsrig mand. Kun det ypperste skal være din ukrænkelige lov. Og hvis du møder smerte eller glæde, ære eller skændsel, skal du huske at nu er tiden til kamp kommet, nu er de olympiske lege begyndt og kan ikke længere udsættes, og at alt hvad du har opnået, på én eneste dag enten kan gå tabt eller blive bevaret.

Sokrates blev fuldkommen fordi han i alt hvad han foretog sig, kun havde én rettesnor: fornuften. Og selv om du endnu ikke er en Sokrates, bør du dog leve som en der ønsker at blive en Sokrates.

Teori og praksis

Den første og mest nødvendige del af filosofien er brugen af moralske læresætninger som: "Man bør ikke lyve." Den anden er brugen af beviser som: "Af de og de grunde bør man ikke lyve." Den tredje tjener som begrundelse og forklaring af de forrige: "Af hvilke grunde er dette et bevis. Hvad er et bevis? Hvad er en logisk følgeslutning? Hvad er en modsigelse? Hvad er sandt, og hvad er falsk?"

Den tredje del er derfor nødvendig som følge af den anden, og den anden som følge af den første. Men den mest nødvendige, og den vi må opholde os ved, er den første. Alligevel handler vi tvært imod dette. For vi bruger al vores tid på den tredje del og anvender al vores energi på den og bekymrer os overhovedet ikke om den første. Deraf kommer det at vi samtidig med at vi lyver, har travlt med at bevise, at man ikke bør lyve,

Den højeste visdom

Under alle omstændigheder må vi holde os følgende sætninger for øje:

"Før mig, o Zeus, og du skæbnens gudinde,
hvorhen I har villet at jeg skal gå hen.
Jeg følger jer villigt, om end mod min vilje,
og skønt en kujon følge må jeg jer dog."

"Og den der værdigt bærer på sin skæbne,
han er en filosof der kender himlens veje."

"Derfor, Kriton, hvis guderne vil det, så må det være."

"Anytos og Melitos kan dræbe mig, men skade mig —
det kan de ikke."